아침달 시집

미래는 미장 또는 미장센

정우신

시인의 말

사랑은 먼 곳에 있지만

사랑과 닮은 것은 주변에 있다

나는 시와 가까이 있지만

언어는 늘 당신 곁에 있다

2025년 10월

정우신

차례

1부
우리는 살아간다고 믿고

청계천	15
소등	16
밤은 깜박이는데	19
제제와 혹등고래	22
키위	25
나는 파충류입니다	27
새벽 두 시, 맥주 두 캔	30
삼진 정밀	32
잠자리	35
비닐 연습	37
Shape of Water	41

2부
비도 사람도 아닌 것이

버들치의 사랑	47
뻐꾸기가 놓인 방	49
펭귄	50
수속	54
앵두의 맛	57
종려나무 아래서	59
우리는 모나드	62
겨울 산장	64
블루문	65
미생물의 방	67
샐리	71
관측소	74

3부
사랑을 놓아둘 곳이 없어서

진	79
오래된 기차역이 있는 골목	81
선데이 로스트	84
패딩턴	87
당골	90
건강원	93
햇살의 사춘기	94
내일의 천사	96
진과 우산	98
파동 일기	100
포장육을 사고 돌아오는 길에	104

4부
가까운 사람부터 낯설어지는

기일　　　　　　　　　109

삼두구미　　　　　　　112

폭우　　　　　　　　　114

Tag　　　　　　　　　116

덫　　　　　　　　　　119

팔마도　　　　　　　　122

대설주의보　　　　　　125

석촌호수를 걷다가　　　127

서커스처럼　　　　　　129

나는 편리합니다　　　　132

바다의 위치　　　　　　134

도깨비불　　　　　　　136

5부
텅 빈 사랑으로 사랑만으로

○
○ 143

해설

절망을 건너는 기하학 – 송현지   153

1부
우리는 살아간다고 믿고

청계천

가슴으로 길고 차가운 것이
쑥 들어와
심장에 닿으려 할 때

돌아갈 곳이 하천밖에 없을 때

칼끝과 칼끝이
내 몸에서 교차하며
밑면을 만들 때

나는 물에서 나와 전파사에 들린다

빛으로부터 물로
물에서 기름으로 건너가는
절망을 본다

소등

너의 절망 앞에서
어떤 책도 도움이 되지 않는다
그럴듯한 문장이 떠오르지 않는다

숨 쉬기 힘들 땐
돌멩이를 고르고
볼펜 심지를 바꾸고
신발을 되도록 천천히 신는다

너는 유리를 닦다가
너머를 본다
오늘의 무리는 세 마리 네 마리

그것이 지나가는 것인지 돌아오는 것인지 생각하다가

창가 쪽으로 옮긴 침대를
다시 벽에 붙이고
손목의 상처가 아물기 전에

다시 상처를 내고

시란
뭉텅이로 빠지는
머리카락을 쥔 손의 가능성이라고
끄적여보다가

화분에 물을 주고
세탁기를 돌리고
커피를 내리다 보면
균열이 생기고
물이 새고

너는 거실 소파에 앉아
가만히 눈물을 흘려보낸다

우리 몫의 불행은
온 집을 헤집고 나서야

낮은 조도가 된다

우리는 살아간다고 믿고
살아 있는 것을 돌본다

밤은 깜박이는데

골목에는 불이 켜지고 네가 들어오고
내가 나가고 불이 희미해지고

내가 소켓으로 전기를 흘릴 때
너는 담요에서 고양이로 부드럽게 넘어가고
텅 빈 골목을 지나고

머리를 쓰다듬던 손, 골목의 벽을 스치고
이름 모를 넝쿨에 가시가 박히던
기계에 드르륵 딸려 들어가던

하나둘 손톱이 빠지고, 두 개의 꼬리가 옆구리를 지나고
따듯한 피가 고여 있는
소켓을 갈아 끼울 때

너를 기다리며, 남은 전기를 흘려보내며
상가 문을 두드렸고

담요에서 고양이로 넘어간 부드러운 시간 속에
빵이 익어가고
공업용 접착제가 굳어가고, 모래가 스르르 빠지고

그 모든 것이 손가락 사이로 흘러내린 날
손가락까지 같이 녹아내린 날

내 장갑에는 남은 전기가 돌고, 절단기가 돌고
바람이 돌고
낡은 에어컨과 냉장고가 돌고

손톱이 빠진 손은
주머니 속에서
먹다 남은 젤리를 주무르고
소켓을 갈아 끼우는 동안
네가 나가고

골목을 걸으며, 너를 기다렸고

불이 켜지길 기다렸고
머리를 쓰다듬던 손을 기다렸고

갓 구운 빵에 어떤 이름을 지을까
삐뚤삐뚤 글씨를 쓰던 손으로
전기가 흐르고
네가 흐르고, 피가 흐르고

담요를 들고 머리까지 덮었고
발목을 남겼고, 너를 남겼고
전기를 흘렸고

상가 문을 두드렸고, 두 개의 꼬리가 옆구리를 지났고
손가락 사이로 뜨겁고 부드러운 것이 흘러내릴 때

네가 걸었던 골목, 한 가닥씩 풀리며
나의 빈손에서 깜빡인다

제제와 혹등고래

    동그라미를 몇 개 그리다가 만다. 종이가 매끈하게 잘리지 않아서 나는 나무가 되는 편이 좋겠다 했다. 속성과 체지방. 단칸과 대저택. 고독과 비웃음. 둘이 셋을 이길 방법은 하나가 되는 것뿐일까.

    한 자리가 남아서
    남은 사람끼린 우리가 되고
    우리는 양치하고
    웃다 보면

    도착하는 뒷골목. 오후에 내린 빗물이 창문에서 아른거린다. 이를테면 도롱뇽의 알, 가리비의 눈, 번식이 끝나기 전에 손끝으로 물의 머리카락을 길러본다. 방금 내가 만진 부분은 머리가 될까 꼬리가 될까. 아이가 말했다.

    웅덩이를 구르다가
    몸집이 커지면
    우울이 불어나고

우리가 숨을
번갈아 쉬면

길 끝에서 푸른고리문어가 번쩍이고 있다. 물의 뿌리 같은 문어 다리에 무엇이 얽혀 있나. 머리에서 꽃 필까. 깊숙이 깊숙이. 나는 강물에서 미끄러지는 안개의 실핏줄에 묶여 희멀겋게 떠다니는 시체를 본다. 하나가 되면 독이 천천히 돌겠구나.

가족은 마트에서 사 온
문어 다리를 씹어 먹으며
물의 기억을
서로의 컵에 풀어주고

처음엔 컵케이크를 그리고 싶었어. 아홀로틀 혹은 꽃 사이에서 윙크하는 곰돌이를 그리려고 했는지도 몰라. 나의 가족은 사람이 전부가 아니니까. 아래에서 성충을 꺼내는 편이 좋겠다 했다.

나는 발등에 알을 가득 채운 채로

몸속으로 다리를 쏙 넣는다

키위

운전을 하다가 차를 갓길에 세운 건

언젠가 고라니가 나타날까 봐

등 뒤의 누군가가 갑자기 나를 푹 찌를 것 같아서

아침에 밥을 안 지어놓고 온 것 같아서

남은 두부를 냉장고에 넣어두고 오지 않아서

당신이 웃는 이유를 알 수 없어서

몸속에 꽃이 피어서 피지 않아서

검은 핏줄이 혹시 나에게도 번지지 않을까

누군가 차에 시동을 걸지 않을까

정말이지 내가 이제 그만하자고 말한 건

차에도 침대에도 길거리에도 지하철역에도

당신의 눈동자 속에도

꿈속에도 키위가 놓여 있어서

그것이 심장처럼

나를 작동시키는 것 같아서

나는 파충류입니다

느지막이 나비를 따라서 간다. 나비가 담장에 앉아 날개를 몇 번 부딪친다. 그것이 무엇을 의미하는지 모른다. 내가 부채로 무심코 바람을 일으킬 때 누군가 우산을 버스에 두고 내리는 것. 연주가 끝나지 않았는데 박수가 터져 나오는 것.

커튼을 열었다가
젖히면
봄이 올 때도 있고
고개를 들고

골목을 걸으면 하늘을 보는 사람과 마주하는 기분이 든다. 분리수거를 먼저 하고 지난 달력을 넘길까. 물건을 정리하고 줄넘기를 할까. 요즘엔 심장에서 초침 소리가 들린다. 강아지 장난감 건전지를 바꿔본다. 몇 번이나 짖어야 조용해질까.

인형에
눈빛이 돌아서

밤을 새우고
책상에 앉아
고무를 자르면

등이 열리고 나비 떼가 쏟아진다. 나는 공벌레를 좋아한다. 꿈이라기엔 장면이 느리고 추운데 소똥과 지푸라기 냄새가 난다. 사람 형체, 서 있거나 앉아 있고 까마귀 총총거린다. 여기까지 왔으면 무언가 보여야 하는데 전방은 끝이 보이지 않는 정원이다. 마음에 드는 의자가 없어서 계속 걷는다.

세계로 들어와서
할 수 있는 일은
지하철을 찾거나
주변에서 가장 높은 곳을 찾아
떨어지는 것

대문에서 나오는 건 네가 아니라 컵과 접시. 음료와 음식. 음악과 음복. 나비가 어떻게 우리 집 선반에 앉아 있는지. 공원을 두 바퀴 돌고 오면 없고 한 바퀴를 더 돌면 난간에 앉아 있는 그 나비, 나를 어디선가 지켜보다가 튀어나온 듯한 나비.

  자, 꽃잎을 열었다 닫는 것부터
  다시 배워봅시다

새벽 두 시, 맥주 두 캔

밤의 교차로를 바라보았다
엉키지 않고
밤을 통과하는 것들이 신기하다

이 높이를 위해
잘려 나간 나무와 나비는 얼마나 될까
제초기 엔진 소리가 머릿속을 돌고

나는 먼 곳에서
부르르 떨고 있을
가로등 아래 너를 생각하며
맥주를 마신다

이데올로기는 중력보다 질겨서
안주가 되지 못하고
밤의 유령이 된다

생물은 알아서 썩으니까

비슷한 냄새끼리
끌리게 되어 있으니까

네가 다른 골목으로 들어설 때
풀과 잡초가
온몸에 들러붙고

나는 나의 가장 가까운 곳에서 우는 벌레

깊은 잠을 자는 가족에게
높이가 사라질까 봐
아침이 와도 네가 돌아오지 않을까 봐
맥주를 마신다

창밖에는 검은 고독이 서 있다
밤을 풀어내고 있다

삼진 정밀

우리 집으로 가는 골목
목련이 맨 처음으로 지는 곳
오래된 중국집이 있는 곳

창문을 열면
고깃집 대형 환풍기 바람이 들어오는 곳
알 수 없는 정전기가 흐르는 곳

너는 전단지에 동그라미를 치며 엄마를 기다렸지

싱크대 두 번째 서랍에 놓인
녹슨 열쇠처럼
너는 아무것도 열 수 없었네

친구 생일에 초대받지 못한 날은
명동 의류에 들어가 어른 옷을 걸쳐보았지

퇴근 시간이 지나면

기계 돌아가는 소리가 커지고

길의 끝에는 담장 혹은 아버지
벼락 맞은 나무
모두 금이 간 것들

한쪽 다리를 저는 강아지가
전 재산인 부부
골목에 쪼그려 앉아
바닥을 연못 삼아
들여다보고 있네

너는 집으로 돌아가지 않고
학교 주변을 걷는다

주머니에서 꽃잎을 꺼내 보면
초저녁이 검게 번지고

연립주택 외벽에
누군가 걸어놓은 전신 거울
모든 글씨는 지워지고
축㊗만 남아 있다

너는 거울의 그림자

너를 비춰보다가
우두둑 빨려 들어간다

잠자리

역주행이라니. 잠자리.

풀잎에서 검지로.
이등변에서 하나의 방으로.

아이를 키우는 일은
잠재적이지 않아요. 잠자리.

소스 장인 부럽습니다.

돈가스.

환심을 사고 싶습니다.

학교의 모든 벽을 만지고 나면
좀 나아졌어요.
집에 갈 시간이 되었어요. 잠자리.

하나의 방에서 두 개의 방으로.
세포에서 축사로.

셔츠에 소스가 튀어서.
웃어서
다만 웃어서.

돈가스로 한 행이나 차지하다니. 잠자리.

나는 옥상에 올라가
나의 각을 만들어봅니다.

비닐 연습

비닐 묶는 걸 깜빡했어
쏟아졌니?
비닐이 바람을 타고 가고 있어
바람이 얼마나 넓은지 재보고 있어
다시 말아야겠구나
허공을 떠도는 공기가
이렇게 무거운지 몰랐어
먼지, 영혼, 수증기
전깃줄 때문이야
전깃줄에서 발을 떼지 못하는 새 때문이야
그렇다면 비닐을 더 풀까?
어디까지?
잠을 잘 때도 풀어놓고
딸의 딸의 딸의 딸……
자동화는 필요하지만
세대가 끊길 텐데
비닐을 푼다면
전기 끄는 사람이 필요하겠네

새가 하면 되지

새는 비닐에 감겨 있어

영혼이 하면 되지

영혼은 비닐이 피부인 줄 알고

사랑에 빠졌어

몸을 부풀렸다가 줄였다가

하면서 바람을 흉내 내고 있어

모두 말썽이네

비닐을 잘 묶었다면 괜찮았을 텐데

냄새도 덜 지독할 텐데

이제 와서 후회하면 뭐 한담?

흙과 먼지 먹은 사람의 콜록

감전된 새의 콜록콜록

비닐에 있던?

장독대에 담겨 있던?

사찰!

공기에 대해서라면

아직도 바람의 넓이를 재고 있는

비닐에 구멍을 뚫어야 해
끊어야 끝나는 걸까?
세대, 사랑, 전기
끊는다는 건
숨이 새어 나가지 않게 묶는 것
넓이보단 높이가 중요해
그렇다면 고양이가 필요하겠네
그것도 사찰!
한없이 추락할
한 발을 딛고
그다음 발 디딜 곳을 찾아
한없이
닿지 않는
허공으로 쑥 빠지는
쏟아졌니?
어쩌다 여기까지 오게 된 걸까?
비가 오면 드러나겠지
달팽이처럼

비닐에 감겨 있던 사람들이

바람을 맞으러

흘러나오겠지

흙을 털며

단체로 절을 하겠지

비닐 묶는 것을 제쳐두고

죄다 바다로 가면

어떡한담?

Shape of Water

세탁기는 빨래에서
탈수로 넘어갈 때 멈추고

물이 길어지면

비가 오거나
졸음이 쏟아진다

초원의 물소들은
어디를 지나고 있을까

물은 그대로인데
나는 넘친다

옷을 말리고
하수구를 뚫다가

물을 본다

옷을 입고
걷다가

옷을 벗고
흐른다

2부
비도 사람도 아닌 것이

버들치의 사랑

버들치는 사랑받았다

버들치는 렌즈를 닦는다

버들치는 십 분마다 뛰쳐나가고 두 시간씩 이동한다

버들치는 검수원을 만나기 전 버들치를 먹는다

버들치는 손가락보다 짧거나 길다

버들치는 정류장 옆 나무에 온종일 서서 버들치와 대화한다

버들치는 옆구리에서 꿈틀거리는 것이 궁금하다

버들치는 상점 유리나 거울에 난 손자국을 보면 견디기 힘들다

버들치가 종점에서 졸고

아홉 번째 버들치가 물비린내 가득한 방으로 돌아왔을 때

이십 년이 한여름의 댐처럼 단번에 쏟아질 때

버들치는 자신이 몇 번째인지 구분하기 어려웠다

한강대교 펜스를 붙잡는 동안

손가락 사이로 버들치가 흘러나왔다

뻐꾸기가 놓인 방

　새인 줄 알았지. 그냥 새소리인 줄 알았지. 그 방에서는 새소리가 잘 들리니까. 그 방에 창문이 있었어? 새벽이면 가로수 잎사귀들이 일제히 쫑긋했지. 너는 땀을 흘리며 잠에서 깨어났지. 뻐꾸기 머리를 쓰다듬다가 창밖을 바라봤지. 기도를 오랫동안 할 때 새소리가 났지. 새소리가 나서 다시 아침인 줄 알았지. 그것도 그 방이었나? 그 방에서 나무를 베는 소리였지. 쓰러진 나무 사이를 걷다 보면 겨울이 왔지. 빗소리가 커졌지. 새소리가 나는데 새는 보이지 않고 의자가 녹슬어갔지. 초침 소리가 들리는 곳엔 슬픈 일이 많았지. 허공의 시간을 재보는 침엽수를 생각할 뿐이었지. 빈방에 남은 오렌지를 생각할 뿐이었어. 그냥 새인 줄만 알았지. 새소리를 들어서 네가 잘 있는 줄 알았지. 그 방의 잎사귀는 전부 이명을 앓았지. 그 방의 가구를 만질 수 있었나? 너는 그 방에서 새를 닦고 있었지. 창밖이 뿌옇게 채워지고 있었지. 그 방에 네가 있었어? 그 방의 향은 꺼지질 않았지. 비, 음악, 바닥, 성령이 있었지. 어쩌다가 네가 너의 소리를 듣는 방이었지.

펭귄

그 말을 꺼내기 어려워서
꽃을 한 다발 사고
나비를 기다리고
펭귄이 찾아오고 있는 줄도 모르고
일주일이 지나고

언젠가 그 말을 해야 할 텐데
장마가 시작되고
잎사귀가 빛을 잃어가고
펭귄이 현관에 서 있고
국수를 삶아 먹고

한 달이 흘러가고
냉장고의 과일은 하나둘 썩어가고
그 말을 어디선가 꺼낸 것 같은데
누구에게 말했는지 기억이 나질 않고
쑥떡에 콩고물을 묻히다 보면
한쪽 귀가 아프고

국수를 삶으며
소금을 조금 더 넣어보고
한 계절이 지나고
펭귄 몇 마리가 소문을 듣고 찾아오고
처음 만난 사람에게도 할 수 있는
그 말을 오늘은 해야 할 텐데

물은 어디론가 흘러가고
돌아가고 돌아 나와
슬픔이 되어
사람을 흘리고

비가 오는 날은
두부에 달걀옷을 입히고
우산 속에서
재잘거리던 말들은
먼지가 되고

집은 점점 좁아지고
골동과 보이차
칫솔, 면도기, 수건, 안경
마지막 준비물은
낡은 것들뿐

그 말은 물방울이 되어
모든 것을 거꾸로 비추고
원인은 없고
결과만 기다리는데
펭귄 냄새가 집에 가득한데
몸속에 꽃이 가득 피어가는데

펭귄으로 할 수 있는
요리는 없고
물이 새고
가구를 버리고
나비는 첨벙거리고

몸속의 꽃

눈동자로 올라오다가

꽃잎이 되려다가

길어지는데

양팔이 되려는데

수속

버드나무는 냇가 근처에서 자라고

햇살은 나의 그림자를
액자처럼 들고 서 있다

가늘고 기다란
손가락들이 흔들린다

우유는 자주 상하고
이불은 낡아가는데

나는 당신의 실내화를 신고
시간의 뒤꿈치로
발을 뻗어본다

물로 만들어진 창문
고개를 내밀면
아른거리는 소독약

눈발들

떨어뜨린 사물을 다시
주울 수 없게 된 것이 언제부터였더라

사물의 이름을 하나둘 잊어버리고
모든 것이
노래가 되던 나날들
마법처럼

링거 줄을 따라
물 밖으로 나오면
입안이
뽀글뽀글

당신의 머리카락에 묻은 흙이나
쇳가루를 털다 보면

나는 애벌레도 아니고
당근도 아닌데

당나귀 꼬리에서
흔들리고 있는
시간의 끝자락

나는 당신이 들어 있는
나무 상자를 들고

냇가를 빙빙 돈다

소금쟁이가
그림자를 엮으며
이리저리
튀고 있다

앵두의 맛

집으로 향하는 언덕
월급을 전부 잃어버린 적 있지

개미는 붕 뜬 장판에 떨어지는 눈물 한 방울의 진동을 느끼고

쇠를 깎으며
딸려 나간 살점처럼
물컹한 과일을 주우며

여름을 보낸 적 있지

검은 봉지엔 치킨이나 도넛이 아닌
손가락이 담겨 있다는 이야기
믿지 않았지

미래가 시시해서
젊은 시절이 얽혀 있던 곳

검은 손톱으로 긁어보면

앵두나무가 모든 손가락을 쫙 편 채
핏방울을 맺고 있었지

종려나무 아래서

나의 뿌리를 생각하며 산책을 한다

정원 한 바퀴를 도는 데 걸리는 시간은 8분 30초, 파스타 면을 적절하게 익히기 좋은 시간이다

낡은 골목을 걸었다

참새 크기의 햇살이 손에 앉았다 간다

유서는 어떻게 쓰는 걸까요?

선생님, 소망보단 청산이 편리합니다

전기 포트에서 물이 끓는 소리

심장이 울리고

스프링클러가 물을 뿌리는 시간 60~90초, 혈액이 온몸을

한 바퀴 도는 시간과 같다

  뿌리가 자꾸 몸 밖으로 새어 나온다

  나는 방금 흙을 털고 들어갔다

  선생님, 힘을 좀 빼세요

  병실의 적정 온도는 26도, 습도는 40~60%, 면회 시간은 30분

  유리창에 비친 내 모습을 외면하며 다시 한 바퀴를 돈다

  차트에 적힌 나의 이름을 발음해본다

  지구에는 수많은 독특한 종이 있습니다

  그것은 튜브 모양으로 입과 항문, 소화 및 배설기관이 없습니다

사람 팔뚝 크기의 그것이 들어가는 상자, 2미터

뿌리에 묻히고 남은 골분

사람이 나무가 되려 할 때

나무가 사람이 되려 할 때

우리는 모나드

111 어 아빠다, 아빠 거기서 뭐 해. 왜 머리가 여러 개야. 왜 흙을 묻힌 채로 돌아다녀. 혼자 다니지 말라고 했잖아. 어쩌다 라디오만 하나 들고 강바닥까지 온 거야.

110 물방울마다 네가 있구나. 그것이 혹이었는지 눈알이었는지 나는 아직도 모른단다. 너를 만나고 너무 기뻐서 모터를 하나 더 샀단다. 악어가 석양을 받아먹으려고 입을 크게 벌리고 있었지.

101 저는 전생에 꿩이었어요. 선생님. 곡곡 곡곡곡 곡. 울음소리 마음에 안 들죠? 두 개의 산화 속에서 잘려 나간 반. 불의 눈을 절대 마주치지 마세요.

100 아버지. 번개탄을 피워봐야 사랑을 알 수 있습니다. 삼분 돌고 백 년 동안 멈추는 심장도 있습니다. 아버지. 전화 인증을 할 수 없어서 죽을 수 없는 아버지.

011 세상은 두 종류로 구분할 수 있어요. 치킨 먹은 사람과

치킨 먹지 않은 사람. 바람 부는 날엔 닭장에 들어가 배를 따듯하게 해요.

010 물에 빠져서 죽은 사람. 앉은뱅이로 죽은 사람. 가문은 죽은 사람들로 완성되지만, 사랑의 피는 북한강으로 흐른다.

001 가다오 멈추어다오 가다오 멈추어다오, 개들만 남은 세상. 개들이 제복을 입고 개들이 그림을 그리고 개들이 노래하는 곳으로 따라가다 보면 개들이 산처럼 쌓여 있다.

000 별이 빠르게 움직이는 건, 누군가 점괘를 치는 중인 거라고 했지? 나는 왜 잡음으로 살아가게 된 걸까. 먹을 사람이 없는데 고구마를 왜 자꾸 심는 건데? 엄마는 죽어가는 개 앞에서 군침을 흘린다.

겨울 산장

이윽고 접어들었습니다

발이 가는 대로 걷다 보면 눈에 띄지 않고 사라질 수 있습니다

생필품을 잔뜩 사면 당분간 괜찮아질 듯합니다

이런 마음을 먹은 건 분명히 내 뜻이지만

저수지에 내리는 눈발을 바라다보면

어쩐지 내가 한 것은 하나도 없는 것 같습니다

정리할 것이 없어서 집을 나왔습니다

닿을 수 없는 곳으로 가는 사람이 점점 늘어나고 있습니다

블루문

테이블을 버렸더니
늑대 여덟 마리가 풀려났다

남은 앞발을 둘 곳이 없어서

정강이에 끈을 달고
천장에 걸었다

철창에 넣어두면
뿔이 되기도
꼬리가 되기도 했다

사실 그것이
늑대인지 사슴인지 구분하기 어려웠다

창가에 올려두고
이빨이 길어지기를 기다렸다

허물에 갇혔던 그림자가
손등을 지나
건물 밖으로 툭 떨어질 때

동네 사람들이 내 방으로 들어와
물건을 만지작거릴 때

꼬르륵 소리가 들렸다

커다란 테이블을 들이자
주인 잃은 하녀들은
돼지를 손질했다

당신은 아직도 피부 안에 내가 있다고 믿는지

늑대 배를 가르며
신을 위한 물건을 찾는다

미생물의 방

빈집

살구나무

벌레

살냄새

피부

소독약

벽

일곱 페이지 책

성호

리을로 끝나는 편지

속옷

그릇

향수

LP

바둑판

사과 한 알을 들기 힘듦

사과 한 알을 먹기 힘듦

물리

채집

사과나무

사람

열매

가려움

시옷으로 시작되는 유서

거짓

귀

돌멩이

초월성

앵두

앵두

샐리

샐리는 매일 치약으로 시도한다.
샐리는 오줌을 싸면서도
볼펜을 날카롭게 만든다.

15분과 30분에 익숙해지면
한 시간과 세 시간도 버틸 수 있다.
샐리는 멍든 발목을 주무르며 생각한다.
17분을 어디서 놓친 걸까.

샐리는 다음 방으로 들어간다.
샐리는 아무리 악을 써도
어떤 소리도 들리지 않는다.

I'm free to be whatever I
Whatever I choose
And I'll sing the blues if I want

샐리2는 샐리에게 볼펜을 빌려

교정기를 뗀다.
뒤꿈치에 깊숙이 찔러 넣는다.

샐리3은 양치를 하며
서울의 야경을 본다.
몇 개의 숨이 불빛으로 바뀌려나.

샐리는 약을 타러 지하로 내려간다.
층층이 샐리가 서 있다.

샐리2와 샐리3이 입에 거품을 물고
샐리에게 전화를 건다.

I'm free to be whatever I
Whatever I choose
And so, Sally can wait

샐리는 마지막 버스를 타지 않고

대교 남단과 북단을 걷는다.

샐리는 비상구에 서서 기다린다.
샐리3과 샐리4가 계단에서 내려오기를
더 좋은 장소로 인도해주기를

샐리는 손톱을 모은다.
아물어가는 곳마다
힘껏 밀어 넣는다.

관측소

그림자가 오므라든다
검은 바람이 불고
나는 좁아진다

나는 너의 머리카락이
얼굴을 찾아가기를 빈다
별이 분명해지고

갈대가 방향 없이
움직이다 보면
아래턱이 돌아올 곳을 잃고

너는 가진 것이
두 손이 전부인 듯
두 손을 내밀고
웃고 있다

나는 여름밤이지만

너는 여름과 밤의 어딘가를 지나는 중

비도 바람도 아닌 것이
나무도 사람도 아닌 것이
마을에 가득 차서

아무것도 보이지 않는다

3부
사랑을 놓아둘 곳이 없어서

진

진은 얼굴 절반이 들어가는
모자를 쓰고
또 다른 얼굴을 기다린다

작은 핑크 가방 속엔
주인 없는
머리카락이 수북하고

휴일에는
오렌지 스웨터를 입고
에코백을 들고 외출한다

진이 서 있던 자리엔
햇살의 소매가 흘러내리고

손목을 붙잡으면
쏟아지는 진눈깨비

바람의 발톱에 긁힌
새 떼처럼……

진의 이야기가 끝나가고 다음 이야기가 시작될 무렵

진은 모자를 고쳐 쓰고
―이 의자 은근히 편하네?

진은 약국 앞에서
서성이다가
누군가의 머리 위에 얹힌다

오래된 기차역이 있는 골목

너는 늘 뒤에 있었고
계단이 끊어진 육교의 난간에 있었고
옥상으로 향하는 녹슨 철이었고

손잡이를 잡으면
환풍기가 도는 창고로부터

나는 하루를 맞이한다
빈방으로
빛의 쇠사슬이 쏟아지고
갈 곳을 잃고

밤공기가 바뀔 때
아, 항해였구나
수염을 깎고
웃어보거나 말을 건네도
나의 모습, 어디에서도
발견 못했고

캐비닛의 서류는
견고한데
피의자의 생활이 가득 차 있는데

너는 여유롭게 걸어가는데

그곳에는 지하 통로도 있고
벼룩시장도 있고
성당과 카페도 있고
비누와 시멘트 냄새가 풍기고

그것들의 머리 위에서 재잘거리는 쥐 떼

세상의 모든 벽이
거울로 바뀌는 중이었고

거기에 촛불 하나, 눈송이 하나면

온 세상은 충만할 텐데

나뭇잎과 나뭇잎이
손등을 부딪치며
반짝일 텐데

창고로 돌아가
너를 펼쳐놓고
말렸고
이름을 짓지 않았고

아무것도 시작할 수 없는
어느 날의 아침처럼

소파에서 졸고 있는 너의 잠으로
들어가
기차 창문을 반쯤 열어두고

선데이 로스트

모든 것을 잊고 싶어서
떠난 여행이었는데

레스토랑에 작은 가방을
두고 왔다

그것을 찾으러 가는 동안

유적지가 기울었고
고양이는 하나둘 지붕으로 올라갔고

골목을 돌아 나오면
밤바다
나는 불빛에 잠겨
희미해지는데

정류장에서 기다리는
네가 생각났고

와인 잔 몇 개 깨졌고
강아지는 차가운 공기를 향해
달려갔고

주문하지 않은
랍스터가 나와 더듬이를
꿈틀거리는데

너를 만나러 가는 길이었는데

가로수 그림자가
슬쩍슬쩍 나를
밀쳐내는데

버스에서 나는 졸았고
너는 무언가를 잃어버린 듯
가방을 뒤적이고

오늘은 미사가 열리지 않는 날
선데이 로스트를 하지 않는 날

시간은 길 위에서
나를 놓쳤고
축 늘어져
조명을 흔들고

잊으려 하던 것이
동시에 떠오르게 되었을 때

다음 도시로 가는 기차표를 예매했다

패딩턴

돌아오는 곳을 잃어버렸다.

역을 그려본다. 언젠가 도착할지 모르는.

오렌지 마멀레이드. 인도 카레. 커피. 우기. 생일은 잊은 지 오래.

음식은 달고 빈집이 많다.

이층 버스는 회차. 기차는 연착. 푸른 셔츠. 팬케이크.

다시 걸어 들어간다.

체크무늬. 떡볶이 코트 단추.

기찻길을 걷다가 사랑해. 사랑해.

나의 기차에서 걸어 나오는 소년.

내리는 비와 함께 어둠은 기다랗고 넓게 주춤한다.

클래식에서 힙합으로 장르를 변경하고.

권총 장전. 월요일 퇴근길. 분주하면서 평온한.

야경이 우리를 물빛에 올려놓는다.

교묘하게.

핏줄을 바꾸고.

언젠가 눈이 멈추지 않는 마을에 가자.

비를 맞는 건 좋고 운동화가 젖는 건 불쾌하다.

너는 사소한 것을 가장 나중에 내밀고.

약간의 쾌감을 느낀다.

집게. 웃음. 포장지. 주인 없는 펜.

우리의 미래는 적막의 완성.

안녕. 안녕.

하나의 눈송이와 또 하나의 눈송이.

무표정하게.

서로 인사를 주고받는다.

당골

네가 남긴 것을 정리해야 하는데

풀잎을 지나는
바람을 지켜보다가
어느 바람을 따라갈까
옷을 바꿔입고

한 걸음
옮기면
갈대가 자라나고
풀을 밟으면
꼬리가 흔들린다

한 걸음
들어가면
신앙이 생기고
몸이 가벼워지는 듯하여

살 것 같다
생각하면

하루가
하루아침을
비집고 들어가다가
죽은 듯하고

내가 나를 회수하는데
필요 이상으로
절차가 많고

석양이 질 때마다
흰 도포를 입고
굿을 했고

나는 나를 들고
절을 두 번 하다가

발목을 접질렸고

너의 입속에선
벌레들이
알을 깨고

건강원

　알을 낳았다. 나는 방역복을 입고 씨앗을 지켜보았다. 염소가 무밭을 뛰어다니다가 무를 품었다. 일주일에 세 번 즙을 먹었다. 나는 씨앗이 멀리 퍼지도록 머리를 흔들었다.

　무밭을 가로지르다가 발목을 삐었다. 화학 약품 냄새가 났다. 바코드가 나의 전신이 어디까지인지 알려줄 때까지 나는 침을 흘렸다. 작고 검은 것을 보이는 대로 삼켰다. 담요를 덮고 부끄러움을 기다렸다.

　열린 가슴으로 다른 알을 놓았다. 나는 무밭으로 달려갔다. 아래가 뜨거웠다. 구드득. 구드득. 밤새 삶았다. 누가 자꾸 웃었다. 울었다. 나는 아직도 자라고 있다.

햇살의 사춘기

진은 난간에 앉아 있다

—집안의 그것이 나를 안 좋아해요

햇살이 접이식 의자에 닿으며 좁아진다

—방에서 뭘 하는지 물 마시는 소리만 내도 싫어해요

진은 발가락으로 지렁이를 잡는다

발등과 허리, 목이 구부러지고 웃음이 난다

나는 지붕으로 이동하여

난간에 앉아 있는 진을 본다

—나의 햇살, 옥탑에 걸린 빨랫줄 길이만큼의 그 거리가 좋아요

—전하지 못할 편지를 써놓고 오후 내내 웃어요

진이 작업대에 앉아서 발가락을 까딱거린다

—나도 올라가야죠 여기 앉아서 뭐 하게요

난간에 금이 가기 시작하자 햇살이 흔들린다

옥탑에 들어간 진은

그것을 처음부터 다시 제조한다

내일의 천사

안개 너머로 세 사람이 지나가고 네 사람이 지나갑니다 안개는 머물며 뒤이어 오는 안개를 기다리고

세 사람과 네 사람 사이에 나타났다가 사라지는 것이 무엇인가요

아무래도 안개가 많으니까 서성이게 되네요 나는 여전히 머뭇거리네요

팔꿈치가 여기쯤이었나요 안개의 팔을 잡고

검은 계단을 걸어봅니다

한 계단에서 다음 계단으로 발을 옮기는 동안 팔은 무수히 늘어나고

내가 집으로 돌아가지 못할 때마다 천사들이 나타나 외투 주머니에 택시비를 스윽 넣어두고 갑니다

천사들은 안개 공장으로 돌아가 기계를 돌리며

솜처럼 뭉쳐 있다가 흘러나와 소주를 마십니다

서로 상처 난 곳을 보여주며 용기를 냅니다 안개의 속도로 움직입니다

집으로 돌아가는 육교, 당신처럼 떠 있는 교회 첨탑의 늙은 불빛

마주하고 있으면

세 사람과 네 사람 사이에 잠시 아른거리는 것이 있습니다

나는 내 안의 물을 끓여놓고

아직도 돌아가지 못한 자들을 더듬어봅니다

진과 우산

진은 우산을 쓰고 있다
나는 진을 지나쳤다
진은 우산으로 얼굴을 가린 채
그림자를 식히고 있다

단절과 영원의 빗금에서
새어 나오는 네온사인

배우들은 테이블에 앉아
송별회를 준비한다

로마에서 런던에서
명동에서 핀란드에서 보자
우리는 시제로 미래를 지연시키고

우산 없이 하는 일이라면
사랑이 끝나버릴 거야

나는 발끝에 나를 세워 두고
가지런히 앞으로 누웠다

마빈 게이가 흘러나오는 동안
아주 먼 곳을 떠돌다가
마침내 사라지는 빛을 본다

처벌과 무관하게
죄는 계속 이어지는 것

뒤를 돌아보면
우산을 쓴 모든 이가
진으로 보였다

파동 일기

日

시야가 점점 줄어든다

태양의 샌드백
모래사장에 빛을 줄줄 흘리고

한발 앞에 서 있던 빛이
안면에서 일렁인다

손을 더듬어
어둠의 등을 당기면

우르르 쏟아지는 반찬통

月

달의 빈 그네

툭툭

다음 사랑을 기다리며

덩어리를 꿈꾼다

火

11시 방향으로 초점을 맞추고
당신 어깨에 올라탄 것이 무엇입니까

물고기 한 마리
작은 구멍을 비집고 들어와
빛을 당깁니다

水

난간을 잡고
내려가는 중입니다
교육받았습니다

모든 활자가
재가 되어갑니다

옆으로 구르면 안전합니다

木

헛디디고
데이고

나의 꼭짓점으로
모이는 어둠

金

내 몸의 절반은
신음

기타를 치면
복도를 헤매던
그림자가 모여서

발등이 붓는다

土

가스불 앞에 서면
이마 앞의 어둠이
부르르 떤다

포장육을 사고 돌아오는 길에

소매가 당겨지고 뼈마디가 썰렸습니다

핀셋으로 혈관을 들었다 놨다 하며 이물질을 제거하였습니다

작업 중에는 집으로부터 가장 먼 나라의 공원으로 가서

새의 둥지를 옮겨주었습니다

어깨에서 자갈이 부딪치는 소리가 났습니다

팔에 전기가 돌았습니다

나는 귀와 발가락을 움직여보았습니다

날짐승 울음이 빽빽하게 찬

숲을 걸었습니다

줄기가 돈을 생각을 하니 즐거웠습니다

오늘은 차가워지는 당신을 위해

전등을 달아야겠습니다

4부
가까운 사람부터 낯설어지는

기일

초를 샀어
전등을 끄고 초에 불을 켜면 끝날 줄 알았지
현대는 간단하니까
초를 사는 일이?
생일이나 제사
초보다 꽃을 살걸 그랬어
물이 썩기 전에
네가 시들어서 좋았어
꽃에 불을 붙이고
꽃을 초처럼 쓰는 곳도 있나?
바람 마음이지
마음으로 떨어지는 촛농을
꽃이라고 불렀어
초를 고르고 촛불을 켜면
너의 눈동자가 보였어
일렁이면 붙잡는 걸까?
촛대가 초를 붙잡는 것처럼
시간 같은 거?

생일이나 제사
의복과 정성과 높이, 무엇이 잘못이었을까
어긋난 나무들 사이로
왜 자꾸 육체가 솟아나지
초를 너무 많이 켜서 그런 거 같아
초대하지 않은 자들이 들러붙어서
자꾸 배가 고프지
좋은 일이지, 꽃을 꽂아둘 손이 모자랐는데
초와 꽃의 문제라면 떡은 어때?
편했어
쌓으면 편했어
초를 조금만 더 천천히 골랐다면 달랐을까?
일렁이네?
촛대부터 정해져 있을 거야
거기부터 현대인가?
떡과 청년부터
원죄부터
일단 불어봐

아니면

지금처럼 계속

누워서

굿이나 봐

삼두구미

光. 나는 나를 찾다가 튀어나왔습니다.
滅. 나를 구하다가 죽었습니다.
歸. 나는 편리합니다.

光. 소름보단 염증에 가깝습니다.
滅. 휘었다기보단 녹아내렸습니다.
歸. 진흙으로 돌아갔습니다.

歸. 네모 방을 빙글빙글 돕니다.
光. 나만 네모 방을 돌고 있는 것은 아니었습니다.
滅. 동그라미가 돌아갑니다.

滅. 사람과 사람이 실에 묶여 있었습니다.
光. 한 사람은 떨어지고 한 사람은 치웠습니다.
歸. 한 사람은 바닥에 누워 있습니다.

滅. 손을 내밀었는데 닿지 않았습니다.
光. 기찻길에 눈썹만 남아 있었습니다.

歸. 오늘도 아침이 왔습니다.

光. 구부러진 전선 끝에서 나는 밝아졌습니다.

滅. 빛이 무거워 나는 죽 늘어졌습니다.

歸. 물컹거리는 손등을 주물렀습니다.

光. 머리와 가슴보단 콧물이 구체적입니다.

歸. 치료라기보단 환각입니다.

滅. 나보다 작은 생물 앞에서 무릎을 꿇어봅니다.

光. 아이가 머물렀던 책상에 앉아 밤을 새워봅니다.

滅. 인형의 배를 갈라서 손을 넣어봅니다.

歸. 너덜거리는 부분은 접착제보단 광택제를 바릅니다.

光. 나는 滅과 歸로 쏙 들어갔습니다.

滅. 나는 나를 말려놓고 공중제비를 돕니다.

歸. 입속의 꼬리가 움직이기 시작합니다.

폭우

간지러운 곳이
늘어나고
나는 흘러가는 기분

숨을 오랫동안
참으면
무언가 녹아내리는 기분

장마처럼
긴 구역질을 한 기분

나는 네가 밟았던
흙을 찾는 중

밤새 나를 뒤집어 놓고
꿈속으로 사라진
물방울을 좇는 중

다시 너를 만날 수 있다면

어떻게 작별할지

말을 고르는 중

Tag

……창밖에는 나비 드론이 그득하고

……전선을 갉아먹다가 역진화하는 쥐 떼

……경인철강 상품번호 326785

……활자는 반짝거리며 영혼을 거래하고

……찰스 로버트 다윈 상조 운구차가 터널을 지난다

……거위가 우는 곳을 몰라서 게임이 시작되었고

……아직도 나라 걱정이나 하니 근대적이고

……나의 꿈은 곤충의 왕국을 찍으며 핀셋을 수집하는 것입니다

……오늘은 왜 이렇게 말이 없습니까?

……미래는 미장 또는 미장센

……나의 생체는 여인숙에 기거하는 이끼로부터 꺼져갑니다

……군산의 복수는 백합 속의 꽃게

……아빠 오고 있어? 아빠 나도 선물을 준비했는데 왜 안 와?

……평상에 앉아 펑펑 울던 여자로부터 눈보라가 발생하고

……관으로 돌아가는 것은 셀프 키오스크를 이용하세요

……오늘의 호텔은 어디입니까?

……살냄새가 나와 닮아서 당신은 우리 조직에 어울리지 않습니다

……랜덤박스, 중고 시계 컨테이너 판매

…… 자 이제 번호를 매기고 톱니바퀴를 조립하세요

덫

직전이었어.

건물과 건물 사이를 오갔어.

날아간 새들과 날아가려고 하는 새들을 보며 시간을 쟀어.

시원했니?

어디까지 터질지 몰라서 팔다리로 길이를 짐작했어.

얼마나 큰 것을 잡으려고?

가족을 만들었어.

사진기를 갖고 싶어서. 물의 발자국을 남기고 싶어서.

개구리를 밟은 후부터 움직이는 것이 잘 보였어.

뒤가 앞으로 불쑥 튀어나왔어.

몇 번의 생일을 축하했어.

식품을 사고 은행에 다녀오는 동안 점점 커졌어.

풀과 벌레처럼 밤새 서로를 달랬어.

시원했니?

그림자가 넓어졌어.

깃털을 흘리고 갔어.

나는 밑면에서 옆면으로 올라가는 중이었어.

풀렸어?

숨이 막혀서 문을 전부 갉아먹었어.

더듬이를 꿈틀거리며 가족을 늘렸어.

긴 혀를 날름거렸어.

떨어지려는 것과 올라가려는 것이 원형을 만들고 있었어.

문고리를 당겼어.

올챙이 떼가 쏟아졌어.

시원했니?

닿기도 전에 부풀어서 움직일 수 없었어.

광장이었어.

팔마도

一. 말이 달린다.
二. 남녀가 태어난다.
三. 뒤이어 말이 달린다.
四. 남녀는 종소리를 듣고 잠에서 깬다.

五. 남녀는 체조한다.
六. 말이 콧김을 내뱉는다.
七. 남녀는 목장을 운영하는 것이 꿈이다.
八. 남녀는 가죽을 낳고 싶다.

四. 말이 주춤한다.
五. 말이 안장을 버리고 교차로에 서 있다.
六. 남녀는 정리한다.
七. 남녀는 채찍을 모두 버린다.

一. 말이 돌아와 六으로 향한다.
二. 다음 말이 七로 달린다.
三. 남녀가 불을 피운다.

四. 말은 언제부터 달렸을까.

八. 귀가 커다란 스님이 다녀갔다.
一. 한 마리가 남녀의 방으로 들어간다.
二. 남녀는 젓갈과 눌은밥을 먹는다.
三. 가계부를 태운다.

四. 가로 그림을 세로로 걸어본다.
一. 앞선 말이 가장 먼저 떨어진다.
七. 말이 쌓여서 三으로 향한다.
五. 차를 우려놓고 며칠을 잊고 지냈다.

三. 말이 등에 올라탄다.
四. 남녀는 정원에 구덩이를 판다.
五. 운과 복이 움직이는 것을 본다.
六. 남녀는 말의 눈동자를 이식한다.

七. 먹을 간다.

八. X축 위로 선이 하나 놓인다.

二. 방사선 치료를 받는다.

三. 폭포 소리가 들린다.

一. 삶의 가장 왼쪽으로 걷는다.

二. 남녀의 첫 단칸방.

三. 한쪽 벽면을 차지하던 곰팡이가 있다.

四. 좌에서 우로 오는 말이 있다.

五. 앞에서 뒤로 가는 말이 있다.

六. 남녀는 언제부터 걸려 있었을까.

七. 가죽을 입어본다.

八. 초파리가 사리탑 주변으로 모여든다.

대설주의보

내 안의 죄가 움직이는 것을
멈춰야 하는데

소나무 몇 그루
고독을 견디다 못해
부러지고

절벽에서
나는 무릎을 꿇고
당신과 수평을 맞춰본다

그럴 때면 뱀 한 마리
나의 동굴로 들어와
몇 년 동안 나가질 않고

아득한 그곳의 당신
바위처럼
머리만 남긴 채

하얗게 속삭입니다

석촌호수를 걷다가

호스로 돌아와
기진하는 바람

이 몸으로
들어갈 수 있는 곳이
보이지 않는다

호숫가엔
자작나무 뿌리가
길어지며
아래턱을 맞추는 소리

다른 사람의 피가
나의 혈관을 당기는 소리

감자를 삶아놓고
호수에 내리는 눈발
헤아리다가

물이 사람 곁으로
오는 소리
사람이 지나가는 소리

이 몸으로
돌아갈 수 있는 방이
몇 개 없다

나는 들려오던 것을
들리게 되는 것으로
전환 중

서커스처럼

눈발을 오래 보면
나보다 높은 곳에서
움직이는 것이
무거워 보입니다

집안일을 마치고
해야 할 일이 넘칠 땐
정거장마다 사람이 타는
버스를 타고

눈발을 헤아려봅니다

거리의 사람들은 사라지고

나는 언제 산 지 모르는
시집을 꺼내
몇 장 넘겨보다가 졸고

식탁 한편에 앉아
이번 겨울엔 해야지
생각만으로
겨울을 보내고

버스 지붕으로
눈은 쌓이고
닿을 수 없는 곳에
놓인 것은
나의 손 같기도 한데
사랑 같기도 한데

그것은 방향이 없어서
어디를 지나고 있는지 알 수 없고

달걀은 부서지고
내가 걸었던 거리가
눈보라로부터

돌아오고

나는 내 옆에 앉아
어느 정류장에 내릴지
금세 잊어버렸습니다

나는 편리합니다

새벽 네 시.
젖은 머리카락.
아직도 젖은 머리카락.
깨진 발톱과 흔들리는 이.
거슬리는 안경과 모자.
가족관계증명서.
동전과 머리 끈.
도장과 사진첩.
베란다에 가득 찬 소주병.
먼지 쌓인 운동기구.
무릎과 허리.
물류센터 하차장.
바퀴들.
원의 부드러움. 원의 허기.
원의 무의식.
원의 무한과 유한.
미래는 이승과 저승을 양손에 쥐고.
다시 새벽으로 돌아옴.

풀과 풀의 불안.

여치.

버스 놓침.

두 다리의 유용.

바다의 위치

바다에 가고 싶었어

태양의 마음으로

바다에 도착하면 뒤가 없어질 텐데

바다는 남아 있을 거야

그때까지도 바다라면

바다에 가고 싶어 하는 사람도 여전할 거야

우리는 바다를 배경으로 사진을 찍는다

바다를 앞에 두고 찍고 싶었어

그건 바다에 가고 싶은 사람 마음이지

태양은 벌써 식어버렸나

뒤가 없다는 건 완성일까 폐기일까

지난 계절을 돌이켜보면

바다 앞에 횟집 앞에 도로 앞에 폐가 앞에 사슴

앞에 숲속 앞에 무덤 앞에 국화 앞에 개미

앞에 우리 앞에 그림자 앞에 태양

그리고 마주하고 있는 집과 병원

어디서부터 뒤가 없어진 걸까

여기 바다부터 네가 있는 곳까지

모래가 쏟아질 때

누구의 것인지 모르는 그림자에 발이 쏙쏙 빠질 때

그림자의 그림자가 낙서를 할 때

너의 바다엔 태양이 비켜서 있고

비가 내리고

쇄빙선이 지나가고

아침이 우리 앞에서 시작된다면

망각처럼 남아 있는 바다가 있다면

너의 등에서 짠바람이 불고

'바다에 가고 싶었어'는 앞뒤 없이

속도와 부피 없이

너에게 가고 싶다는 마음이 되고

태양이 되고

바다 뒤에 구름 뒤에 암석 뒤에 햇살 뒤에 유리

식당 뒤에 가마솥 뒤에 골짜기

너의 바다로 떠날 채비를 마친 나는

바닷속에서 미소를 짓는다

도깨비불

되돌릴 수 있다면
나는 어디까지 가능할까
갈려 나간 뼛가루를
어둠 속으로 가라앉는 불순물을
모아놓고

시간의 문제는 아니고
사랑의 단단함도 아니고

검은 나무가
검은 열매를 맺듯
나를 되돌린다면
새소리도 풀벌레 소리도
골목을 서성이는 휘파람도

다시 그 길을 지나
어제의 나를 만날 수 있을까

모든 새소리가
당신으로부터
시작되는데

어둠을 소리로
먼저 알려주는 숲

밤새 흘러가는 별들을
뒤집어쓰고
눈을 비비고
불면을 되풀이하고
침묵하고

당신은 살아가고 있습니까

나는 아무 열매도 맺지 못하는 나무

모든 물질이 복원되는데

기쁘질 않네
아픈 것이 사라졌는데
육체가 없네
사랑을 옮겨 담을 흙이 없네

나는 몇 가지 슬픔을
순서 없이 묻고

미련 없이
머리부터 내려놓고
버리고
남기는 것 없이
비우고
밀려오는 생각들을
따라가서
자르고
썰리지 않으면
삼키고

그리하여 내일은

사랑이 전이되지 않기를

간절히 바라옵니다

5부
텅 빈 사랑으로 사랑만으로

○
○

방울토마토. 방울토마토. 너를 만나기 위해 몇 개의 토마토가 필요했는지 모른다. 방울토마토 한 개를 먹고 열 바퀴를 돌고. 한 바퀴를 더 돈다. 너는 동생을 위해 세 개를 남겨둔다. 동생은 방울토마토를 먹고 제자리를 뛴다.

○

세상에는 알 수 없는 공이 있다. 독백. 기차가 지나가고. 신호가 바뀌는 소리. 숨을 몰아 쉬는 소리. 염주는 나의 회로. 전자 주사위. 두더지 잡기. 아직도 어딘가 떠 있는 공이 있다. 테니스를 친다.

○
○

애호박 두 개. 장바구니 하나. 작년 인세 정산 금액은 392원. 대파 가격은 875원. 책과 대파를 팔아도 된장국에 호박을 넣을 수 없다. 나는 미소만 있다. 나는 아이를 보기 전에 웃는 연습을 한다.

○

오뎅바에서 시샤모 구이 시킴. 테이블에 모여 시시콜콜한 이야기 하다가 나쁜 소식 들음. 월미도 선착장에서 유람선 탐. 갈매기 똥이 떨어지는 곡선을 따라 그려봄. 예식과 장례 몇 번 다녀오고 뒤풀이. 아무 마을버스나 타고 화장실 가고 싶을 때까지 안 내림.

○ ○

안정제 두 알. 딸 유치 두 개. 뽑아 놓고 잃어버림. 이런 게 삶이라고 생각하니 팍팍해서 골반이 비틀어질 때까지 뛰어봄. 여기서부터 저기까지 늘 애매한 놈. 무너진 자리에 쭈그리고 있는 나비. 나비야 나비야 일어나야지. 무덤에 앉지 마라. 봄비. 어찌할 수 없는 봄비. 안개가 밀려옴. MRI를 찍으려고. 아낌없이 죽음을 메우려고. 통도사 가고 돌아온 기억은

없음. 어목혼주. 마지막 터널 지나옴.

　　○

다섯 개의 손가락이 달린 왼손. 손가락 한 개. 처음 만나는 사람 앞에선 주머니에 한 손을 얼른 넣는다. 그 사람이 나의 손가락 개수를 셀 것 같아서. 앞으로 내가 하는 모든 말에 증명이 필요하게 될 것 같아서.

　　○

소풍을 보내놓고 여전히 소식이 없는 아이를 기다리는 당신의 방.

　　○
　　○

플러스와 마이너스의 자리를 바꿔도 몇 개의 방울토마토

가 열리고 한 사람을 위한 된장국은 끓어갈 것이다. 시간이 돌고 돌아 서로의 방에 들어가 슬픔의 이불을 가지런히 펼 때까지 참사가 계속되는 삶이라면.

○

저녁 시간마다 노래를 부르는 음악과 학생으로부터 우리의 알레고리는 시작된다. 쫓아가는 게 좋을까 쫓기는 게 좋을까. 파토스냐 치토스냐 그것이 문제다. 해체와 소문, 진술과 묘사, 소재와 이미지, 형식보다 '나'를 발견하는 것이 더 중요하다고 말해 놓고서 시를 둘둘 말아본다. 얘들아, 어디서부터 어디까지가 시고 시인이고 생활일까. 선생님, 시인은 뭐 먹고 살아요? 아무리 생각해봤자 시집 원고를 꾸릴 때의 기쁨만이 떠오르고, 다이소와 올리브영과 코인 노래방이 있는 골목을 서성이다 보면 우리 다시 만날 수도! 배신자가 될 수도!

○
○

라일락과 라벤더가 섞이고 있음에도 아무도 궁금해하지 않는 세계라면. 그것이 하필 머릿속에서 자라고 있는 것이라면. 아빠 아빠, 우리는 이제 무엇을 가르고 모아야 할까.

○ ○

아무리 생각해도 신기해요 교육과 사랑이라는 것. 무모하게 시인이 되어가고 있다는 것. 시인은 오래전 떠나갔고 하천에 나를 비춰보니 가장의 모습이 부끄러워 집으로 돌아가지 못하고 있네요. 시인은 다른 사람의 아픔이 너무 크고 무거워 가장 가벼운 펜과 노트를 삽니다. 지워진 활자 뒤에 비, 눈 그리고 밤, 법, 은행, 병원, 식당 쓰고 지웠다가 술과 음악 그리고 담배와 학교 쓰고 지웠다가 사랑처럼 더 이상 쓰거나 지울 수 없는 것……

○

슬픈 영혼들의 그림자를 엮어서 세상에서 가장 긴 버드나무를 심어놓으면 너는 크고 웃기고 바람직한 곤충이야, 말하겠지. 나무에 올라가 굴뚝이 있는 집을 만들고 꽃무늬 식탁보를 펼쳐놓고 아빠 아빠 음식이 준비되었어요, 하겠지.

○ ○

창문을 열어두고 종이가 깨어나기를 기다리고 있습니다. 백년 전의 시인이 원고지를 듭니다. 참새처럼 활자는 백지에 우르르 모였다가 흩어지고, 시가 웃긴 학생들의 종례처럼 우리가 알던 사랑, 예측 불가능.

○

외계인. 코스모스.

신. 시집. 죽은 시인의 사회.

기관이 좁아든다. 길어지는 손가락.

길거리의 전선들.

○

당신의 방
흰 꽃잎이 돋는다.

○ ○

해설

절망을 건너는 기하학

송현지 / 문학평론가

미분된 몸

정우신의 시를 읽을 때면 기계 아래 놓인 수많은 몸들이 떠오르곤 한다. 공장에서, 고물상에서, 정미소에서 살점이 딸려나가고 손목과 발목이 덜렁거리다 끝내 해체된 몸들. 만약 그러한 몸이 비유나 상징으로 그의 시에 사용되었다면 어쩌면 쉽게 잊어버릴 수 있었을 것이다. 그러나 "발목은 눈보라와 함께 증발해버린 청춘, 다리를 절룩이며 파이프를 옮겼다"라고 적으며 그가 시인이 된 2016년 이래, 그의 시들을 지금까지 되새겨 온 데에는 몸에 대한 그의 서술들이 사실의 지극한 재현으로 내게 다가왔기 때문이다. 말하자면, 그의 시에 등장하는 분화된 신체는 우리의 몸을 말 그대로 갈아가며 일하게 하는 자본주의의 결과물처럼 자연스레 그의 시에 옮겨와 있었다. 누군가의 해체된 몸을 떠올리는 화자와 함께 쓸쓸히 그것을 바라보는 가운데, 시인을 연상하게 하는 화자 역시 일하고 시를 쓰며 다른 방식으로 몸과 마음이 갈리고 있

↳ 정우신, 「풀」, 『비금속 소년』, 파란, 2018.

는 모습에 분노하며 때로는 자조하며 그의 시를 따라 읽어왔다. 도대체 그 끝은 어디인가 궁금해하며.

다섯 번째 시집 『미래는 미장 또는 미장센』에서 정우신은 다시 한번 잘리고 갈리고 훼손되는 몸을 보여준다. 그러나 이번 시집에서 이러한 파괴는 체제에 의한 것이라기보다 인간 존재가 근원적으로 맞닥뜨릴 수밖에 없는 죽음의 형식에 가깝다. 죽은 이를 화장한 뒤 남은 "골분"(「종려나무 아래서」)은 이제 시인이 쓸쓸히 바라보는 또 다른 몸으로서, 극한으로 미분된 몸의 결과로서, 눈으로 확인할 수 있는 가장 최소한의 몸으로서 이 시집의 전면에 등장하는 것이다.

네 번째 시집 『미분과 달리기』가 "정신적으로", "육체적으로 실행할 수 있는 극단"을 제시한 시집이라면, 이번 시집에서 시인은 그보다 한 단계 더 나아가 정신과 육체를 모두 미분하는 죽음을 다룬다. "갈려 나간 뼛가루"(「도깨비불」)에는 한 사람이 견뎌온 살과 피도, 한평생 쌓아왔던 높이와 깊이도

───

김건영·정우신, 「짐승과 음악과 검은 달리기」, 《현대시》 2024년 10월호, 182쪽.

남아 있지 않다. 망자가 담긴 나무 상자를 들어 올릴 때 느껴지는 놀랄 만큼의 가벼움은 며칠 전까지만 해도 존재하던 몸과 그 몸이 부대꼈던 감각이 통째로 사라졌음을 실감하게 한다. 아무리 그 가벼움이 아픔의 중량을 덜어낸 결과라 위로해봐도 맥없이 울음이 터지는 것은 그것이 결코 다시 구체적 형태로 돌아올 수 없기 때문이다.

이것이 가까운 이의 죽음 뒤에 찾아오는 산 자의 고통이라면, 죽음이라는 사건은 산 자를 함께 미분한다고 해도 좋을 것이다. 죽음 이후만이 아니라 다가오는 죽음을 예감할 때에도 슬픔과 불안은 시시각각 찾아와 산 자의 몸과 마음을 납작하게 만들어버린다. 삶과 죽음의 문제만이 "심장처럼" 산 자를 "작동시키는"(「키위」) 시간 속에서, 산 자는 무엇을 할 수 있을까. 「소등」의 '너'처럼 "창가 쪽으로 옮긴 침대를/ 다시 벽에 붙이"며 어떻게든 시간을 보내보거나 "손목의 상처가 아물기 전에/ 다시 상처를 내"는 식으로 몸을 아프게 하는 것으로 마음의 아픔을 잊어보려 할 수도 있을 것이다.

혹은 "화분에 물을 주고/ 세탁기를 돌리고/ 커피를 내리"는 일상의 규칙을 반복하며 "닿을 수 없는 곳으로 가"(「겨울 산장」)고 있는 이가 있다는 사실을 잠시 잊어볼 수도 있을 것이다. 그러다 어떤 일로도 채워지지 않는 틈 사이로 "가만히 눈물을 흘려보"내기도 하며 "온 집을 헤집"는 "불행"(「소등」)을 견뎌볼 것이다. 그런데 정우신의 화자는 조금 다른 방식으로 이 시간을 견디기로 마음먹은 듯하다. 그 단서가 시집의 첫머리에 마치 프롤로그처럼 놓여 있다.

    가슴으로 길고 차가운 것이

    쑥 들어와

    심장에 닿으려 할 때

    돌아갈 곳이 하천밖에 없을 때

    칼끝과 칼끝이

내 몸에서 교차하며

밑면을 만들 때

나는 물에서 나와 전파사에 들린다

빛으로부터 물로

물에서 기름으로 건너가는

절망을 본다

—「청계천」 전문

    그것은 절망의 흐름에서 잠시 빠져나와 절망을 바라보는 방법이다. "길고 차가운" "칼" 하나가 가슴 속을 찌르는 것으로 모자라 여러 "칼끝"이 "교차하며" 몸이 상처의 도형이 되려 할 때, 화자는 절망의 "하천"에 머물지 않고 "물에서 나"온다. 정우신의 시를 오래 읽어온 독자라면, 이 발상에서 그가 사숙한 김수영의 흔적을 발견할 지도 모르겠다. 절망이 끝까지 그 자신을 반성하지 않는다고 말하며 김수영은 "바람은 딴 데에서도 오고/ 구원은 예기치 않은 순간에"⌞ 온다고 하지 않았던가.

그러나 이 시에서 그보다 더 주의를 기울여 보아야 하는 것은 "물에서 나"온 화자가 "절망"이 다른 자리로 이동하는 모습을 객관적인 시선으로 관찰하기 전 "전파사에 들"른다는 사실이다. 이 지점은 정우신이 김수영으로부터 배운 절망의 직시에서 한 발짝 더 나아갔음을 암시하는 것이기도 한데, 그는 절망을 구체적으로 직면하는 방법을 찾아 '구원'의 가능성을 스스로 마련하려는 것으로도 보인다. 이때, "전파사"라는 공간은 절망의 전환이 일어나는 방법론적 거점으로 기능한다. 시인은 이 작품을 시집의 첫머리에 배치함으로써, 이후 시편들에서 전개될 자신의 방법론을 예고하는 셈이다.

⌞ 김수영, 「절망」, 『김수영 전집1』, 민음사, 2018.

시간의 재배선

그 구체적인 방법론을 살피기 위해서는 이번 시집 전체를 관통하는 하나의 공통된 이미지인 '흐름'에 대해 먼저 짚어둘 필요가 있다. 붙잡을 수 없는 시간과 그로부터 발생하는 감정은 정우신의 시에서 자주 확인할 수 있는 '흐름'의 주체다. 가령, 「펭귄」에서 시간과 감정의 운동은 물의 흐름에 빗대어져 그것이 어떻게 일상을 휩쓸어 감각과 사물을 불안정하게 만드는지, 속절없이 흘러가는 시간이 슬픔과 절망을 어떻게 재촉하는지 생생하게 보여준다("물은 어디론가 흘러가고/ 돌아가고 돌아 나와/ 슬픔이 되어/ 사람을 흘리고 (중략) 물이 새고/ 가구를 버리고/ 나비는 첨벙거리고"). 그런데 이러한 흐름과 더불어 이번 시집에서 정우신이 '전기의 흐름'을 뚜렷이 제시한다는 점은 유념해 볼 필요가 있다.

두 번째 시집 『홍콩 정원』에서부터 이러한 시도는 종종 있어 왔으나 그것이 시에 적극적인 역할을 하는 것은 아니었다. 다만 그의 시에 이따금 등장하는 기계를 다루는 아버지의 형상을 떠올려보며 전기가 아버지의 세계에서 연원한 것으로 추정할 수 있을 뿐이었다. 예컨대, 「失樂園」에서 묘사되는, 몸에서 빠져나가지 못하고 흐르는 전기는 핏줄을 따라 이어지는 유전의 은유로 이해되었으며, 같은 시집에 수록된 「변전소―리플리컨트 폐기」에서 화자에서 아이로 이어지는 흐름("나의 전류가/ 혼자인 아이의 방에 있는/ 스탠드에 무심코/ 가닿듯// 사랑이 유전되고 있는 것이다")도 같은 맥락으로 받아들여졌다.

그런데 이번 시집에서는 아버지에게서 아들로, 어른이 아이에게 전류를 전달하는 일방향적 흐름만이 다뤄지지 않는다.

> 내가 소켓으로 전기를 흘릴 때
>
> 너는 담요에서 고양이로 부드럽게 넘어가고
>
> 텅 빈 골목을 지나고
>
> 머리를 쓰다듬던 손, 골목의 벽을 스치고

이름 모를 넝쿨에 가시가 박히던

기계에 드르륵 딸려 들어가던

(중략)

골목을 걸으며, 너를 기다렸고

불이 켜지길 기다렸고

머리를 쓰다듬던 손을 기다렸고

갓 구운 빵에 어떤 이름을 지을까

삐뚤삐뚤 글씨를 쓰던 손으로

전기가 <u>흐르고</u>

네가 <u>흐르고</u>, 피가 <u>흐르고</u>

담요를 들고 머리까지 덮었고

발목을 남겼고, 너를 남겼고

전기를 흘렸고

(중략)

네가 걸었던 골목, 한 가닥씩 풀리며

나의 빈손에서 깜빡인다

―「밤은 깜빡이는데」 부분

　가령 「밤은 깜빡이는데」에서 '나'와 '너'의 모호한 구분은 전류의 흐름을 교란시킨다. 시의 초입부에서 '나'는 '너'에게 전기를 흘려보내는 자로 등장한 후 '너'를 남기고 곧 사라진다("담요를 들고 머리까지 덮었고/ 발목을 남겼고, 너를 남겼고"). '나'는 "소켓으로 전기를 흘"리는 노동자로서의 정체성을 가지지만 '나'가 "머리를 쓰다듬던" '너'의 피를 통하게 한다는 점에서 노동과 생의 흐름이라는 두 가지 의미를 포괄한다. 주목해서 보아야 하는 점은 시의 초반부에서 '너'는 '나'가 흘린 전기를 기억하며 "머리를 쓰다듬던" 그의 "손을 기다"리던 자였지만, 시의 중반부인 "골목을 걸으며, 너를 기다렸고/ 불이 켜지길 기다렸고/ 머리를 쓰다듬던 손을 기다렸고"에서부터 자신의 이야기를 하기 시작하며 '나'와 '너'의 호칭이 뒤바뀐다는 점이다. 다시 말해 '너'는 '나'를 승계한 또 다른 '나'가 되는 것인데, 이처럼 표면상 모순적으로 보이는 인칭의 치환은 한 방향으로 흐르던 시간의 축을 교란시켜, 과거의 '너'와 현재의 '나'가 공존하는 비선형적 시간을 만들어낸다. 그럼으로써 시는 흐르는 시간의 강물에서 잠시 벗어나 그 질서를 관조하게 만든다.

 이러한 형식적 실험은 시간의 질서를 응시하고 재배선하려는 시적 시도 속에서 다시 반복된다.

 一. 말이 달린다.
 二. 남녀가 태어난다.

三. 뒤이어 말이 달린다.

四. 남녀는 종소리를 듣고 잠에서 깬다.

五. 남녀는 체조한다.

六. 말이 콧김을 내뱉는다.

七. 남녀는 목장을 운영하는 것이 꿈이다.

八. 남녀는 가죽을 낳고 싶다.

(중략)

四. 가로 그림을 세로로 걸어본다.

一. 앞선 말이 가장 먼저 떨어진다.

七. 말이 쌓여서 三으로 향한다.

五. 차를 우려놓고 며칠을 잊고 지냈다.

三. 말이 등에 올라탄다.

四. 남녀는 정원에 구덩이를 판다.

五. 운과 복이 움직이는 것을 본다.

六. 남녀는 말의 눈동자를 이식한다.

七. 먹을 간다.

八. X축 위로 선이 하나 놓인다.

二. 방사선 치료를 받는다.

三. 폭포 소리가 들린다.

一. 삶의 가장 왼쪽으로 걷는다.

二. 남녀의 첫 단칸방.

三. 한쪽 벽면을 차지하던 곰팡이가 있다.

四. 좌에서 우로 오는 말이 있다.

五. 앞에서 뒤로 가는 말이 있다.

六. 남녀는 언제부터 걸려 있었을까.

七. 가죽을 입어본다.

八. 초파리가 사리탑 주변으로 모여든다.

―「팔마도」 부분

 세계가 우리의 몸을 끝없이 쪼개는 데 대응하려는 듯, 시는 시간의 흐름을 잘게 분절한다. 남녀가 탄생하여 "방사선 치료"를 받는 데 이르기까지 그들이 지나온 시간을 어떻게 정리하는지를 시는 차분히 따라간다. 시간의 등에 올라타 그것을 채찍질하며 앞으로만 나아가던 그들이 "채찍을 모두 버"리자, 이번에는 시간이 그들의 등에 올라타 그들을 덮치려는 장면을, 다가오는 죽음 앞에 선 이들의 모습을 시인은 하나씩 서술한다. 마치 이런 일이 왜 벌어졌는지, 그 선후를 밝히려는 듯 짐짓 이성적인 서술 태도를 유지하며. 그러나 순서대로 흐름을 정리하다 그는 죽음이라는 한 방향으로만 흘러가는 삶에 다시 절망했던 것일까. 흐름에 저항하듯 그는 순서를 뒤집는다. 그리고 그 순간 그는 다음과 같은 질문들 속에서 무언가를 발견한 듯하다. 정말 시간은 一에서 八로만 흐르는 것일까. "가로"로 그려진 "팔마도"를 "세로로 걸어본다"면, "앞선 말이 가장 먼저 떨어"지는 일도 가능한 것처럼 방향을 다르게 본다면 다른 흐름도 가능하지 않을까. 각각의 시간이 기억의 형태로 실제 시간과 무관하게 불쑥 생생해지는 것처럼 순간은 독립적으로 실재하며 생동하는 것은 아닌가.

"팔마도" 속 역동적으로 달리는 여덟 마리 말들에 번호를 매겨 이를 각각의 개별적 시간에 빗댐으로써 그는 시간이 각 말들처럼 독립적으로 살아 움직이는 모습을 재현하려는 듯하다. 번호 매겨진 말들을, 아니 시간들을 점차 뒤섞자, 이전까지는 이어지지 않았던 순간들이 맞붙어 시에 새로운 의미가 발생하는 것처럼, 어떤 방향에서 보느냐에 따라 흘러가는 방향이 달라진다면("좌에서 우로 오는 말이 있다" "앞에서 뒤로 가는 말이 있다") 더 이상 죽음으로 향하는 일직선의 시간만을 떠올리지 않을 수 있지 않을까. 직렬 회로의 전류가 아니라 "플러스와 마이너스의 자리"(「○ ○」)가 교차하며 전기를 발생시키는 교류 회로처럼, 삶의 흐름 또한 다른 리듬을 상상한다면 말이다.

이처럼 시인은 시간을 좌표화하고 재배치하여 그 흐름을 다시 설계하는 기하학적 회로를 구성함으로써, 흘러가는 시간의 흐름에 완전히 휩쓸리지 않는 방법을 찾은 듯하다. "전파사"가 끊어진 회로를 복원하여 새로운 전류를 흐르게 하는 공간이라면, 그에게 이러한 방식의 시를 쓰는 일은 결국 그를 살아가게 하는 삶의 방법론이기도 한 셈이다.

사랑과 교육

그런데 이러한 방법론을 고안한 것은 오로지 화자 자신이 살아남기 위해서만은 아니라는 점을 기억해 둘 필요가 있다. "철을 갈고 찬밥 먹"던 "소년"↳에게는 「팔마도」의 "남녀"처럼 자신의 "가죽"을 입고 있는 가족이 생겼고, 그는 그들이 끝내 절망의 밤에 머무르지 않도록 해야 한다는 생각을 가지고 있다.

↳ 정우신, 「식육점에서」, 『미분과 달리기』, 파란, 2024.

소매가 당겨지고 뼈마디가 썰렸습니다

핀셋으로 혈관을 들었다 놨다 하며 이물질을 제거하였습니다

작업 중에는 집으로부터 가장 먼 나라의 공원으로 가서

새의 둥지를 옮겨주었습니다

어깨에서 자갈이 부딪치는 소리가 났습니다

팔에 전기가 돌았습니다

나는 귀와 발가락을 움직여보았습니다

날짐승 울음이 빽빽하게 찬

숲을 걸었습니다

줄기가 돋을 생각을 하니 즐거웠습니다

오늘은 차가워지는 당신을 위해

전등을 달아야겠습니다

—「포장육을 사고 돌아오는 길에」 전문

시의 초입에 그려지는, 자신의 몸이 "당겨지고 썰리는" 세계 속에서 "새의 둥지를 옮겨주"는 일을 하는 화자의 모습은 시의 마지막에 드러나는 "차가워지는 당신을 위"하고 싶다는 말과 맞물려 그의 행동이 지향하는 바를 선명히 드러낸다. 화자는 새를 다른 장소로 옮겨 세계를 새롭게 배치함으로써 새로운 흐름을 만들고자 한다. 이 일은 분명 그의 몸을 상하게 하지만, 그 순간 그의 "팔에 전기가 돌았"다는 표현에 주목해보자. 이는 그가 받은 전기치료를 연상하게 하기도 하지만, 뒤이어 서술된 "줄기가 돋을 생각을 하니 즐거웠"다는 고백은 이것이 그가 아픈 몸을 가지게 되었음을 나타내는 것이라기보다 그의 행동이 새로운 흐름을 마련하는 의도적인 수행임을 확인하게 한다. 앞서 살펴본 시간의 재배치나 이 시 속 공간의 재배치는 결국 "당신을 위해" "전등을 달아" 빛을 밝히려는 의도에서 비롯된 것이라는 점에서 사랑의 실천이라 할 수 있을 것이다. 시인은 자신의 몸을 갈아 이와 같은 기하학적 방법을 시행함으로써 새로운 전기를 발생시키고자 하며, 이때 전등에 흐르는 전기는 사랑의 또 다른 이름이 된다.

그런데 시집의 마지막 작품인 「○ ○」에서 볼 수 있듯 정우신의 화자가 이 행위를 시 쓰기를 통해 수행한다는 점에서, 그의 사랑은 가족에게만 국한되는 것으로 보이지는 않는다. 시를 가르치는 화자의 행위는 바로 이러한 절망의 재생산을

막기 위한 수행이자, 다음 세대를 향한 교육적 실천처럼 보이기 때문이다. 사랑이 절망을 다른 흐름으로 변환시키는 시적 에너지라면 이러한 방법이 시 쓰기를 통해 이루어질 때, 사랑은 한쪽에서 다른 쪽으로 일방향으로 흘러가지 않는다. 읽는 이에 따라 새로 생성되는 흐름은 시의 언어 속에서 저마다 새로운 전기장을 형성한다. 그래서 그의 시집은 가족을 넘어, 독자의 몸과 감각에까지 미세하게 전류를 흐르게 하는 사랑의 전기장으로 확장되는 것이다. 「○ ○」의 원들이 "세상에" 있는 "알 수 없는" "공"이자 삶과 죽음의 순환을 나타내기도 하면서도, 우리가 시집 전체를 유영할 때 발생하는 전기장을 시각화한 표상으로 읽히는 것은 이 때문이다. 그의 시를 읽으며 전기처럼 찌르르한 감각이 몸을 타고 흐를 때 우리는 "닿을 수 없는 곳에 놓였다고"(「서커스처럼」) 생각했던 막연한 사랑에 닿게 되는 것이 아닐까. 물론 이 겸손한 시인은 그것을 한사코 "사랑과 닮은 것"(「시인의 말」)이라 부르겠지만. 그렇게 우리는 그의 시로부터 사랑을 배우며, 절망을 건너 미래를 새롭게 만들어볼 힘을 얻게 된다.

아침달 시집 53

미래는 미장 또는 미장센

1판 1쇄 펴냄 2025년 10월 27일

지은이 정우신
큐레이터 정한아, 박소란
편집 정채영, 서윤후, 이기리
디자인 정유경, 김정현, 한유미

펴낸곳 아침달
펴낸이 손문경
출판등록 제2013-000289호
주소 04029 서울시 마포구 양화로7길 83, 5층
전화 02-3446-5238
전자우편 achimdalbooks@gmail.com

ⓒ 정우신, 2025
ISBN 979-11-94324-54-6

값 12,000원

이 도서의 판권은 지은이와 출판사 아침달에게 있습니다.
양측의 서면 동의 없이 책 내용의 전부 혹은 일부의 재사용을 금합니다.

본 도서는 인천광역시와 (재)인천문화재단의 후원을 받아 '2025 예술창작지원사업'에 선정되어 발간되었습니다.